# BEI GRIN MACHT SICH IHR WISSEN BEZAHLT

AF173236

- Wir veröffentlichen Ihre Hausarbeit,
  Bachelor- und Masterarbeit

- Ihr eigenes eBook und Buch -
  weltweit in allen wichtigen Shops

- Verdienen Sie an jedem Verkauf

## Jetzt bei www.GRIN.com hochladen und kostenlos publizieren

Jennifer von Burg

# Logistik & Supply Chain Management

## Überblick Vorlesung 3. Semester BWL

GRIN Verlag

**Bibliografische Information der Deutschen Nationalbibliothek:**

Die Deutsche Bibliothek verzeichnet diese Publikation in der Deutschen National-
bibliografie; detaillierte bibliografische Daten sind im Internet über http://dnb.d-
nb.de/ abrufbar.

**Impressum:**

Copyright © 2013 GRIN Verlag GmbH
Druck und Bindung: Books on Demand GmbH, Norderstedt Germany
ISBN: 978-3-656-84930-8

**Dieses Buch bei GRIN:**

http://www.grin.com/de/e-book/284639/logistik-supply-chain-management

# Supply Chain Management

- Heute herrscht ein von der Nachfrage (Konsumenten) kontrollierter Markt

- Efficient Consumer Response (ECR):
  Initiative zur Zusammenarbeit zw. Herstellern und Händlern, die auf Kostenreduktion und bessere Befriedigung von Konsumentenbedürfnissen abzielt.
  (Wertschöpfungskette, Produktion, Kaufentscheid. der Verbraucher werden auf Optimierungspotenziale untersucht)

  o Gemeinsame Entwicklung passender Strategien & Management Techniken
  o ganzheitliche Ansicht
  o Identifikation der Konsumentenbedürfnisse & Befriedigung
  o Austausch interner Daten mit den Lieferanten/ Herstellern/ Konsumenten
  o Konzentration auf wenige Lieferanten

  o Ziele:
    - bessere Qualität
    - besserer Service
    - Senkung der Kosten (für die Kunden immer im Vergleich zur Qualität)
    - breites Angebot (vers. Größen und Farben)

      → Schnittstellenoptimierung (Produktivität zw. Industrie, Einzelhändlern und anderen erhöhen)

  o Komponenten des ECR:
    - SCM: (Angebot, Kooperation in Logistik)
      ♦ effiziente Administration:
        *Reduzierung von Papierarbeit in Bestellung, Lieferung, Zahlungsprozesse und Doppelbestellung zu verhindern*
      ♦ effiziente operative Logistik:
        *effiziente Organisation zw. Industrie und Einzelhändler*
      ♦ effizientes Nachfüllen der Bestände:
        *kontinuierliche Versorgung der Geschäfte, basierend auf POS-Daten*

    - CM (Category Management): (Nachfrage; Kooperation in Marketing)

= überträgt die Strategie des ECR auf die
Sortimentspolitik des Handels.
(Sortimentsoptimierung)

- ◆ effizientes Sortiment
- ◆ effiziente Promotion
- ◆ effiziente Produkteinführung
- ◆ effiziente Auffüllung

- o Anforderungen für den Erfolg des ECR:
  - ▪ Vertrauen
  - ▪ automatisches Bestellungssystem
  - ▪ Integration des Herstellerpersonals in die Prozeduren der Einzelhändler (Category Team)
  - ▪ strategische Allianzen zw. Hersteller und Einzelhändler

    → Bei Erfolg:  erhöhter Umsatz durch gemeinsame Verbesserung der Wertschöpfungskette (Kostensenkung) und durch kombiniertes Marketing (Kundenzufriedenheit)

- • <u>Supply Chain Management (SCM):</u>
  „Das Management einer Lieferkette (SCM), sind unabhängige Akteure, die sich entscheiden, auf Grundlage vereinbarter Normen und Standards zusammenzuarbeiten

  - o konzentriert sich auch unternehmensinterne Planung & Controlling

  - o beschreibt die Idee, dass eine Supply Chain dann am effektivsten, kostengünstigsten und am zügigsten funktionieren wird, wenn sie „integriert" (ohne unnötige Schnittstellen & Verschwendung von Ressourcen) gemanagt wird.

  - o SCM-Philosophie: to overcome borders

  - o *Zentrale Aufgabe*: die Optimierung aller Prozesse und Funktionen wie Beschaffung, Produktion und Vertrieb benötigen die Koordination & Anpassung verschiedener Prozesse entlang der Wertschöpfungskette

  - o Aufgaben:
    - ▪ schneller Material- und Informationsfluss durch alle Wertschöpfungsstufen
    - ▪ Realisierung der Bezahlung der Kunden vor Zahlungstransfer zum Lieferanten.

- o Anforderungen:
    - fundamentale Änderung der traditionellen einseitigen Machtverhältnisse zw. Lieferant & Kunde
    - Flexibilität der Ressourcen entlang der ganzen Lieferkette
    - SC Partner ersetzen getrennte Planungssysteme durch integriertes unternehmensübergreifendes Management & Kontrollsystem

- o Vorteile:
    - strategisch:
        - hohe Transparenz in der Wertschöpfungskette
        - Gemeinsames Interesse & Verständnis zw. den Partnern durch gemeinsame Planung & Realisierung von Marketing und logistischer Handhabung von Fashionprodukten, Geld und Informationsprozessen
    - taktisch:
        - Verhinderung der „out-of-stocks"
        - schnellere Antwort auf Kundenanfragen

- o Ziele:
    - geringere Verwundbarkeit für Überraschungen und Störungen
    - reduzierte Sicherheitsbestände, Überkapazitäten, Entwicklungszeiten
    - Kundenzufriedenheit
    - Kostensenkung
    - Umsatz (turnover)
    - Produktqualität
    - Gewinn (profit)

- o *SCM als Schlüssel zum Erfolg:*
    „Erfolg nur bei hohem Grad an Kooperations- bzw. Integrationsfähigkeit interner und externer Beziehungen. Schnelle Einbindung neuer und bestehender Partner mit Automatisierung über Prozess- und Unternehmensgrenzen."

- logistische Situation in der Bekleidungsindustrie:
    - o Platzmangel
    - o Kurzlebigkeit der Kollektionen
    - o Samples müssen 2 Jahre aufbewahrt werden (Kundengarantie) und 6 Jahre aus Datengründen
    - o Produktionsverlagerung ins Ausland
    - o Probleme der Infrastruktur beachten
    - o hohe Variantenvielfalt
    - o flexiblere Innovations- & Reaktionszeiten
    - o verkürzte Lieferzeit an den Handel
    - o Koordination global verteilter Partner

→ Steigende Anforderungen an die logistische Kooperation entlang der textilen Kette

- Definition von Logistik:
    „Richtige Kollektion zur richtigen Zeit, mit der richtigen Menge am richtigen Ort & richtige Qualität & richtiger Preis und über einen effizienten Weg liefern, welche neue Kaufwünsche erweckt"

    o Ziele:
        - Leistungsziele (Output):
            ♦ Lieferqualität
            ♦ Lieferflexibilität
            ♦ Qualitätsziele
            ♦ Zeitziele
            ♦ Verfügbarkeit
            ♦ Sicherstellung der Produktion (z.B. höherer Vororderanteil)
            ♦ Sicherstellung der Produktversorgung (z.B. rechtzeitige Bestellung der Meterware)
            ♦ Steigerung der Termintreue (z.B. Terminierungsverfahren)
            ♦ Steigerung der Mengentreue (z.B. weniger Kommissionierfehler)
        - Kostenziele (Input):
            ♦ Lagerbestandskosten
            ♦ Produktionskosten
            ♦ Senkung der Logistikkosten (z.B. geringere Logistikkosten)
            ♦ Optimierung der Lager- und Umlaufbestände (Outsourcing der Lager)
            ♦ Verkürzung der Durchlaufzeiten (z.B. Wartezeiten reduzieren)
            ♦ Optimierung der Kapazitätsauslastung (z.B. Nebensaisonauslastung)

- Dimensionen bei der Operationalisierung von logistischen Zielen:
    o Inhalt (Umsatz, Kosten, Image)
        Transportkosten
        Lieferzeit
    o Ausmaß (bisheriges Zielniveau, Konkurrenzwerte)
        um 3% senken
        verkürzen um 1 Tag
    o Zeitbezug (taktisch/ strategisch)
        innerhalb der nächsten 4 Wochen
        innerhalb des nächsten Jahres
    o Segmentbezug (Kundenanforderung)

/ = Definition eines Kostenziels

- Key Performance Indicator (KPI):

Indikator zur Messung der Prozessleistung und zur Kontrolle der
kontinuierlichen Verbesserungsprozesse.
(zur eindeutigen Messung der Lieferqualität)
→ Lieferverzug und Kommissionsfehler sind wichtig für Logistik

  o anhand eines KPI kann der Erfüllungsgrad einer wichtigen
  Zielsetzung gemessen werden.

$$Retourenquote = \frac{\text{Wert der Retouren vom Kunden pro Periode}}{\text{Umsatz pro Periode (Jahresumsatz)}} \times 100$$

- Musterlösungen für Tabellen (um Lieferzeiten zu berechnen):
  Zeitspanne zw. Auftragserteilung durch den Kunden und
  Empfang der bestellten Ware

$T_1$= Übermittlungszeit
$T_2$= Bearbeitungszeit (Auftragsabwicklungszeit)
$T_3$= Transportzeit

$$\text{durchschnittl. Lieferzeit} = \frac{\text{kürzeste Zeit + längste Zeit}}{2}$$
$T_1 * T_2 * T_3 * EXP/SAP/SAL * 100 = \%\text{-Anteil}$

- Komponenten des Marketing-Mix:
  o Produktmix (Qualität, Marke, Kundendienst)
  o Kontrahierungsmix (Rabatte, Kredite, Lieferzeit)
  o Distributionsmix (Logistik, Absatzkanäle)
  o Kommunikationsmix (PR, Werbung, persönlicher Verkauf)

- Zielgrößen für die Bekleidungsindustrie
  o Lieferzeit:

    Bestellzeitpunkt Kunde – Wareneingangszeitpunkt beim Kunden

  o Lieferbereitschaftsgrad:

$$\frac{\text{Wert der sofort ausgelieferten Waren (€)}}{\text{Gesamter Bestellwert (€)}} \times 100 = \%$$

  o Abrufquote:

<u>Anzahl der Abrufaufträge/Lieferungen</u>
Gesamtzahl der Aufträge

o **Auslieferungsquote:**

$$\frac{\underline{\text{Wert der ausgelief. Waren am Ende einer Lieferperiode (€)}}}{\text{Gesamtwert der Aufträge (€)}} \times 100$$

o **Lieferqualität an den Kunden:**

→ Retourenquote

o **Lieferzuverlässigkeit/ Termintreue:**

$$\frac{\underline{\text{zugesagter Liefertermin (Tage)}}}{\text{tatsächlicher Liefertermin (Tage)}} \times 100$$

o **Lieferflexibilität/ Bestandsreichweite:**

$$\frac{\underline{\text{mittlerer Lagerbestandswert (€)}}}{\text{durchschnittl. Verbrauchswert pro Monat}} \times 100$$

o **Anteile der Vorräte am Umsatz:**

$$\frac{\underline{\text{Summe Vorräte am Monatsstichtag}}}{\text{Einkaufswert}} \times 100$$

o **Transportschadenquote:**

$$\frac{\underline{\text{Wert der beschädigten Ware}}}{\text{Jahresumsatz}} \times 100$$

o **Anteile der Logistikkosten am Umsatz:**

$$\frac{\underline{\text{Logistikkosten pro Jahr}}}{\text{Jahresumsatz}} \times 100$$

o **Return on Logistics (RoL):**

$$\frac{\underline{\text{Lieferungstreue (\% eingehalten der versprochenen Liefertermine)}}}{\text{Lagerwert + Logistikkosten(beide; \% des Nettoumsatzes)}}$$

- <u>**Einflussgrößen auf der Unternehmensebene:**</u>
  - o Kunden (Anzahl)
  - o Unternehmen (Branche, Marktposition)
  - o Lieferanten (Anzahl, Standorte)
  - o Erzeugnisse (Variationsvielfalt)

- o Informationsfluss (Serien-/ Einzelfertigung, IT)
- o Materialfluss (Fertigungstiefe, Fremdbezugsanteil)

- **Buying Market China:**
  - o auf chinesischem Markt; Arbeitermangel an der Küste weil Staat in Hinterländer investiert durch Verbesserung der Infrastruktur, was neue Arbeitsplätze schafft (→ Arbeiter müssen nicht mehr hunderte Kilometer entfernt arbeiten)
  - o Konsequenzen:
    - steigende Einkaufskosten
    - engere Produktionskapazitäten
    - längere Lieferzeiten (aus China 24 Tage; Bangladesch 6 Wochen)
    - schwierige Handlungsposition für Europäer

    → Produktionsverlagerung in Länder mit niedrigen Lohnkosten, also Länder ohne Geburtenkontrolle (islamische Länder, Afrika). Niedriglohnländer weil große Nachfrage auf dem Arbeitsmarkt

- **Schwierigkeiten deutscher Bekleidungs-/ Modeunternehmen:**
  - o Rohstoffgewinnung
  - o Einkaufslogistiken
  - o interkulturelle Aspekte sind zu beachten

- **SCM Task Model:**
  - o alle Entscheidungen in der Logistik hängen vom Task Model ab

  - o *Supply Chain Configuration:*
    - Wahl der horizontalen & vertikalen Partner und Definition ihrer Aufgaben
    - Optimierung der logistischen Prozesse betreffend Saison, Kategorie, speziellen Promotions

  - o *Supply Chain Planning (SCP):*
    - Verkaufs- & Vertriebsplanung (mit Marktforschungsdaten)
    - Lagerplanung unter Beachtung der Lieferungen
    - Planung der Mengen (durch Kapazitätsdaten)
    - Planung der Beschaffung (Wahl der Produktionspartner)
    - Produktionsplanung
    - Transportplanung
    - Plan B

  - o *Supply Chain Execution (SCE):*
    - Integriertes Informationsmanagement für schnelle Fehlersuche
    - Erfassung der Daten durch Tracking & Tracing

→ alle Entscheidungen sind langfristig
→ strategische Netzwerkplanung wird immer zentral stattfinden; also nicht in den Fabriken

- Lagerhausentscheidungen
  - o 1. Ents.:     outsourcen oder nicht?
  - o 2. Ents.:     wo wird produziert?
  - o 3. Ents.:     wieviel? (Einzugsgebiet)
  - o 4. Ents.:     welche Produktvielfalt? (ob Kühlhaus notwendig)
  - o 5. Ents.:     was für ein Lager? (Liege- oder Hängelager)
    - ▪ Planung des Materialflusses
    - ▪ Entwicklung der Kommissionierungskonzepte
    - ▪ Optimierung der Ladungzonen
      → Im Idealfall; weniger Handlings & kürzere Umschlagszeiten

Ladungseinheit = Transporteinheit = Lagerungseinheit (SKU) = Verkaufseinheit      → IDEALFALL

- 3 Typen der Lagerhäuser
  - o klassisches Lagerhaus:    produktionsorientiert
    - ▪ Ziel: ausreichender Lagerplatz
    - ▪ Produkte: Rohstoffe für Produktion, saisonale Produkte

  - o Umschlagslager: transportorientiert
    - ▪ Ziel: hohe Umschlagsgeschwindigkeit
    - ▪ Produkte: Konsumgüter, Kapitalgüter & halbfertige Produkte, Rohstoffe

  - o Auslieferungslager: verkaufsorientiert (Bedienung eines örtlichen Marktes/ Handels)
    - ▪ Ziel: hoher Lieferservice
    - ▪ Produkte: Konsumgüter, Kapitalgüter

- Probleme der Saisonalität:

  - o Gefahren zur Saisonspitze:
    - ▪ verringerte Lieferbereitschaft
    - ▪ Teillieferungen
    - ▪ Nichteinhaltung von Lieferterminzusagen
    - ▪ Lieferverzögerungen

  - o Gefahren zum Saisontief:
    - ▪ Überlager/ -bestände
    - ▪ freie Personalkapazitäten
    - ▪ ungenutzte Lagerflächen

- zu geringe Auslastung von Sachkapazitäten

- Transportentscheidungen:
  - o Transportkosten
  - o Transportzeit
  - o Transportvertrauen
  - o Transportkapazitäten
  - o Verarbeitung von Transportschäden
  - o Nach- & Rückverfolgung der Sendung
  - o Transportberatung durch den Transportdienstleister
  - o Image der Transportdienstleister
- Verpackungsentscheidungen:
  - o Planung durch Ingenieure
  - o Ziel eines jeden Logistikers: Shelf Ready Packing

- Entscheidungsbäume (zeigt potenzielle Folgen eines Stock-outs): Wahrscheinlichkeiten berechnen; je nachdem wie die Wahrscheinlichkeiten verteilt sind, entscheidet man die weiteren Schritte

- Lieferzeit-Nachfrage-Funktionen anschauen!!

- Konsequenzen einer Falschlieferung:
  - o Kosten der fehlenden Produkte
  - o Kosten der falschen Waren
  - o Zeitaufwand (Lieferung manchmal schwer zu finden)
  - o Gutschriften bei Retouren (ca. 20€)
  - o verlorener Umsatz

- Out of Stock (OOS):
  - o beim 1. Mal: 70% der Kunden bleiben
  - o beim 3. Mal: 30% der Kunden bleiben
    → OOS-Rate im europäischen Raum liegt bei 1.3 – 15.3%

  - o OOS-Situationen:
    - *klassisches OOS:*
      Regal ist angeschrieben, Produkt fehlt aber
    - *Promotion OOS:*
      Produkt fehlt entweder in normalem Regal oder im Promotion-Regal
    - *Store Manager OOS:*
      Filialleiter gefällt das Produkt nicht & nimmt es aus dem Sortiment

  - o Gründe:
    - falsche Lagerzahlen /-bestände
    - zu späte Bestellung
    - Pickfehler beim Lieferanten

- Ware ist im Haus, aber nicht im Regal

  → Die letzten 20 Meter sind entscheidend

- Logistische Dienstleister müssen komplette Lösungen für die weltweite Wertschöpfungskette (Belieferungskette) anbieten.
  → Definition einer SOP (Standard Operation Procedures) ; Vertrag

- MEGA Trends in der Logistik:
  - Globalisierung der Produktion
  - Ende des Anstiegs der Produktion von Industriegütern
  - Erhöhte Umweltsensibilität
  - Privatisierung
  - Optimierte Organisation von Geschäftsstrukturen & -prozessen

- Trends für Spediteure:
  - Integration der Spediteure in die Kundenprozesse (SCM)
  - Partner in strategischen Allianzen (Outsourcing)
  - Megafrachter

    →erweiterte Reichweite des logistischen Services
    →größere/ wachsende Beteiligung von qualitativ hochwertigen logistischen Aufgaben

- Dienstleister in der Wertschöpfungskette (Service Provider)
  - Qualitätsinspekteure & Merchandiser
  - Spediteure
  - Versicherungen
  - IT-Service Anbieter
  - Sicherheitsservice
  - Verpacker (Kommissionierungsteams)
  - Banken
  - Finisher
  - Lagerist (Seehafenspediteur; Umschlag im Hafen)
  - Zoll & Bundesamt für Ausfuhr

- Anforderungen an Spediteure:
  - Online Tracking & Tracing:
    - Online Search System in Echtzeit
    - komplette Dokumentation und Protokolle

  - Warehouse Management:
    - Professionelles Management der Lagerung und Handelsgüter
    - Totale Kontrolle über alle Handlings

  - IT & EDI Service:
    - schnelle und papierlose Kommunikation/ Administration

- Barcodes etc.

- <u>Servicestruktur 4PL</u>
  - Supply Chain Planning:
    - operative, taktische & strategische Planung
  - IT-Integration:
    - Definition von Schnittstellen & Integration vers. Software Systeme
  - Strategic Network Planning
  - Transport Planning

    → Order Management, Planung & Optimierung der Lieferungen, Tracking & Tracing, Order/ Warehouse und Stock (Lager) Management, Beratung, Profitmanagement

- <u>Service Level Agreement (SLA)</u>
  - Messbare Beschreibung der geleisteten Dienste inklusive gewünschter Qualität & genutzte Wertmaßstäbe

- <u>Informationsmanagement als Quelle der effizienten Administration:</u>
  - Systemführerschaft in einer internationalen und interkontinentalen Logistikkette vom Rohmateriallieferant über Fabrik bis zum Verkaufszeitpunkt
  - Virtuelle Logistik über intelligente IT-Systeme für die Kontrolle, Überwachung & alle administrative Prozeduren (von Bestellung bis Rechnung via Internet)
    → wertschöpfende Partnerschaften für formende logistische Prozesse über die Unternehmensgrenzen.

- <u>Kriterien, ob logistisches Outsourcing lohnenswert ist:</u>
  - Nutzung der Lohndifferenzen
  - Potenziale in:
    - Prozesseffizienz
    - Qualitätseffizienz
    - Kosteneffizienz
    - Nutzung von Synergien
  - Vertrauen & Innovationsdrang/ -lust

    → Industrie und Handel erwarten Individualität, damit sie sich von der Konkurrenz abheben.
    Logistische Dienstleister brauchen Standardisierung

- <u>Vergütungsmethoden für logistischen Service:</u>
  - Lump Sum /Flat Rate Model:
    - fixed, keine Überraschungen, Kalkulationspreis in % eines Referenzproduktes (% des Umsatzes)
    - hohe Motivation für Verbesserungen

- o Cost Driver Model (Kostentreiber):
  - Kalkulationspreis: Stückkosten eines definierten Kostentreibers (leistungsabhängig)
  - präzisere Rechnungen
  - keine Anreize zur Optimierung

- o Productivity Model:
  - geleistete Servicestunden, transportierte Menge, Kosten pro Arbeitsstunden

- Hilfstechnologien (Technologien aktivieren):
  - o Standardisierung (der organisatorischen Arbeitsprozesse)
    - → für die Reduktion der Komplexität
    - → globale Vereinbarkeit und Austauschbarkeit
    - → Beschaffenheit der Wertschöpfungskette
  - o Effiziente Einheitsladung (wiederverwendbare Verpackungen, Vorschlag Paletten zu packen, EAN 128 Transport Tag)
  - o vorgelagerte Logistik (Schnittstellenlösung)

- Doppelte Standardisierung:
  - o Technische Werkzeuge (EAN, RFID)
  - o organisatorische Prozesse (Logistik)
    - → um den Informationsfluss bei den Waren zu kontrollieren und die Prozesse zu optimieren

- EAN (GS1):
  - o „Funktion um den Preis herauszufinden"
  - o eindeutige weltweit überschneidungsfreie Identifikation eines Produktes
  - o European Article Number
  - o internationaler Name: GTIN
  - o Transparenz in der Logistik
  - o Schlüssel zu Datenbanken für Spediteure, Lieferanten und Kunden

    - *Komponenten des EAN Systems:*
      - *Identifikation:*
        - o *Standardnummerierung für die Identifikation der Güter, Service, Versand, Standort*
      - *eMessaging:*
        - o *überliefert die festgehaltenen Daten zwischen den Handelspartnern*
      - *data carrier:*
        - o *maschinell lesbares Format der Identifikationsnummer*

- ILN:
    - o dient zur eindeutigen Identifikation von physischen, funktionalen und rechtlichen Einheiten von Unternehmen und / oder Unternehmensteilen (z.B. Lager)
    - o internationaler Name: GLN
    - o Internationale Lokationsnummer

→ *EAN & ILN bestehen aus der Basisnummer, der Eigengenerierung und einer Prüfziffer*

- Anwendungsbereiche:
    - o GS1/EAN-8: Konsumentenprodukte
    - o GS1/EAN-128: Logistische Einheiten
    - o GS1-Data Bar
    - o GS1/EAN Data Matrix (QR Code)

- Typische Barcode Fehler:
    - o schlechte Druckqualität
    - o falsche Farbwahl
    - o zu kleiner Barcode
    - o zu wenig Platz zu anderen Zeichen
    - o falsche Hintergrundfarbe
    - o falscher Inhalt (falsche Zahlen)

- Charakterisierung des RFID-Systems:
    - Radio Frequency for Identification
    - o Informationsübertragung über elektromagnetische Felder in vers. Frequenzen
      → LF: low frequency,        382m
      → HF: high frequency        35cm (für Paletten empfohlen)
      → UHF: ulta high frequency;  6cm (für einzelnes Stück empfohlen)
    - o Identifikation bewegender Objekte
    - o sehr schneller Datenaustausch über eine bestimmte Distanz
    - o hoher Speicherplatz auf dem Transponder Chip
    - o Langlebigkeit (10 Jahre)

- Vorteile RFID verglichen zum Barcode:
    - o kein Sichtkontakt zum Objekt benötigt (auch im geschlossenen Karton möglich)
    - o Bulk-Processing (600 Teile in 1sec.)
    - o Einzigartigkeit der Teile; Diebstahl- und Fälschungssicherheit
    - o länger haltbar als Barcode (fast unkaputtbar)
    - o höhere Datenkapazität
    - o schnelle Informationsbearbeitung (Hinzufügen oder Ändern der Informationen)

- Beispiele für EDI Nachrichten: (Electronic-Data-Interchange)
  - SINFOS-PRICAT: Preis-/ Artikelkatalog
  - ORDERS: Bestellungsauftrag
  - DESADV: (Dispatch Adivse) Lieferanweisung
  - INVOIC: Rechnung
  - REMADV: (Remittance Advise) Eingang der Bezahlung